Lh 5.
10.

COMBAT

DU

BOIS GUILLAUME

PAR JULES LION,

*Conducteur des Ponts-et-Chaussées, ancien élève de
l'École impériale des Arts-et-Métiers de Châlons.*

SAINT-POL,
IMPRIMERIE DE F. BECQUART,
Petite-Place, n° 11.

1858.

EPISODE DE L'HISTOIRE DE RENTI. (1)

COMBAT DU BOIS GUILLAUME.

I.

Quand possèderons-nous une histoire de la France?

Ce temps est peut-être encore bien éloigné de nous, et cependant sur tous les points de notre belle patrie, on travaille avec ardeur à la confection de cette œuvre admirable. Sur tous les points de cette terre, pleine de nobles souvenirs, des sociétés se sont formées, sociétés d'hommes d'élite, sacrifiant leurs veilles pour apprendre aux générations futures à connaître cette France, dont la plus petite parcelle renferme une histoire.

Renti dont nous allons dire quelques mots, avant de parler du combat du bois Guillaume, est aujourd'hui un bourg du département du Pas-de-Calais, canton de Fauquembergues, arrondissement de Saint-Omer. Il a 803 habitants.

Renti, perdu entre deux énormes côteaux, si-

(1) MM. Harbaville et Piers ont donné des notices fort intéressantes sur Renti.

tué pour ainsi dire dans une fondrière, figure sur la carte de la Morinie, on croit que ce fut un bourg sous les Romains. (*Rentica Rentiacum*). Disons le de suite, son origine se perd dans les brouillards de l'Aa. (1)

Plusieurs grandes familles possédèrent successivement ce lieu.

Voici ce que nous lisons dans le recueil des cures, prébendes, bénéfices et collateurs du diocèse de Boulogne.

» Renti. — C'était autrefois aux comtes de
» Boulogne. (2) Il fut possédé jusques vers 1350
» par les illustres seigneurs de Renti, passa par
» alliance à la famille de Croy avec le titre de Ba-
» ronie, fut érigé en Marquisat avec Coupelle vieil-
» le, Coupelle neuve et leurs dépendances en fa-
» veur de Philippe de Croy, duc d'Arschost, prin-
» ce de Chimay, gouverneur et lieutenant du Hai-
» naut, par lettres du mois d'avril 1532. (3) Au-

---

(1) L'Aa prend sa source à Bourthes au-dessus de Renti, et se jette dans la mer à Gravelines, après un cours de six myriamètre et demi *du Sud au Nord*.

(2) Robert 4e comte de Boulogne, eut deux enfants Didier, 1er comte de Tervanes (581) et Robresse 1ere comtesse d'Helenum (560) Didier eut deux filles et un fils. Le fils nommé Fumers fut marié à la demoiselle d'un seigneur de Sorrus (près Montreuil sur mer). Cette demoiselle eut en dote Renti et Fauquembergues. Wambert fondateur du monastère de Renti est le fils de Fumers. Il épousa Hemburge et non Duda ou Doda comme le disent quelques auteurs. Duda épousa Saint-Arnoud maire du palais d'Austrasie ; elle était fille de Didier et par conséquent tante de Wambert.

(3) Dans le dictionnaire universel par Hessln. Paris, 1771. — On voit la date de 1533.

» jourd'hui (1) à Procope d'Egmont, (2) 2ᵉ fils de
» Philippe (3) et de Marie Ferdinande de Croy (4)
» avec les Baronies d'Eperlecques, Ruminghem,
» Campagne les Boulonnais et le vicomté de Fau-
» quembergues. Le château fut pris par les Fran-
» cois en 1521, repris l'année suivante, siégé en
» 1554 par le Roi Henri II qui gagna le fameux
» combat du *bois Guillaume* sur les troupes de
» Charles V et *chercha pendant la mêlée à le com-*
» *battre corps à corps;* (5) enfin il essaya plu-
» sieurs attaques en 1637, et l'armée victorieuse
» le mit hors d'état de défense, il n'en reste pres-
» que plus de vestiges. »

Le fort de Renti fut démoli par ordre de la cour, le 10 août 1638.

A la fin du dix-huitième siècle, Renti était le premier Marquisat de la province; diocèse, bailliage et recette de Saint-Omer; parlement de Paris, intendance de Flandre et Gouvernement d'Arras. Il avait 300 habitants.

La chatellenie avait sa coutume en 1507.

Les armes étaient d'Argent à trois douloirs de gueules, les deux du chef adossées.

II.

C'était en 1554, Thérouanne et Hédin venaient

---

(1) Commencement du dix-huitième siècle.
(2) Mort sans enfants en Espagne, le 15 septembre 1707.
(3) Mort vice-roi de Sardaigne à Cagliari, le 12 mars 1682.
(4) Marie-Ferdinande de Croy est la fille de Charles-Philippe de Croy, marquis de Renti.
(5) Ce fait nous paraît controuvé.

de payer l'échec de Metz ; les ruines de l'antique Taruanna, les victimes d'Helenum attendaient une vengeance éclatante, et cependant, une paix apparente avait suivi la destruction de ces deux cités de la vieille Morinie ; quand Henri II, héritier de la haine de son père contre l'empereur Charles-Quint, se mit à la tête d'une armée de 50 mille hommes, ravagea le Cambrésis, le Hainaut et le Brabant et se présenta devant Renti.

Quel était le dessein du roi de France ? Etait-ce pour prendre le fort de Renti, qu'il réunit un si grand nombre de guerriers ? Etait-ce pour battre l'Empereur : l'Empereur, cet ennemi juré de la France, ce géant insatiable de gloire ?

Nous savons tous comment on s'emparait de Renti ; la prise d'une grande cité voisine faisait passer le bourg d'Oudard du côté du vainqueur. Cette petite place n'avait, en effet, rien de mieux à faire que d'épouser la cause du plus fort ; Renti, en 1554, était un petit obstacle et non un point décisif (1).

---

(1) Le fort de Renti avait la forme d'un rectangle d'une surface d'environ 45,000 mètres carrés. Le corps de la place était revêtu de briques et de pierres de taille, le rempart était bien terrassé.

Des fossés larges et profonds étaient remplis par les eaux de l'Aa. Cette rivière divisait le fort en deux parties égales, suivant la direction du plus grand côté du rectangle.

Un pont-levis et une porte, nommée PORTE MAJOR, donnaient accès au fort du côté de la sortie des eaux.

Les bâtiments étaient rangés parallèlement aux côtés de l'enceinte. Si nous prenons de droite à gauche, en faisant le tour de la cour, dont la surface était d'environ 12,000 mètres carrés, nous rencontrerons successivement le maga-

Nous l'avons dit en commençant et c'est notre conviction, Henri II ne se décida à attaquer Renti que parce qu'il espérait y rencontrer Charles-Quint, que parce qu'il espérait le vaincre.

Faisons quelques citations, et voyons d'abord ce qu'on disait en ce temps de guerre et de régénération, pendant lequel, en nos contrées, on s'endormait Français et l'on se réveillait Espagnol, *et vice versa.*

Ecoutons Strada :

« *D'ailleurs, c'estoit la commune croyance que la fortune de Charles, lassée de le favoriser, commençoit à l'abandonner, et que le génie de l'Empereur invincible iusques alors estoit passée en la personne de Henri. L'Empereur mesme ne le dissimuloit pas, car on lui avoit entendu dire que la fortune estoit amie des ieunes gens. C'est pourquoi pour les colonnes d'Hercule et le* PLUS ULTRA, *qui estoit la devise de ce prince, il y en eust qui substituèrent une escrevisse avec ces paroles* PLUS CITRA, *comme une chose qui estoit convenable au temps.* »

Voyons maintenant Viard, maître d'histoire dans son ouvrage intitulé: *Recueil des époques les plus intéressantes de l'histoire de France. Paris, 1770.*

Après avoir parlé des avantages de Renti comme

---

sin des mèches, le logis des officiers, le logis du gouverneur, le logis des soldats divisé en cinq corps de bâtiments, le magasin des vivres, le magasin des armes, le magasin à poudre et enfin le corps-de-garde, situé à gauche de la porte d'entrée.

La garnison était ordinairement d'environ 600 hommes.

forteresse, il dit : « *Mais après tout, le principal dessein du roi en l'attaquant, étoit d'engager l'Empereur à une bataille, etc.* »

Et Dom Devienne, tome IV de son *Histoire d'Artois*, page 71, dit : « *Comme on vouloit attirer au combat, l'Empereur qui l'évitoit, on se détermina à assiéger Renti, etc., etc.* »

L'étoile de Charles avait pâli : Metz, la fuite en Allemagne devant le duc Maurice de Saxe, se dressaient en fantômes devant l'impotent Empereur qui, depuis l'âge de 50 ans, ne souffrait plus de la goutte par accès, mais continuellement.

La victoire devait se présenter certaine pour Henri, c'était au reste sa conviction, nous apprécierons plus tard.

Reprenons notre récit :

Le duc de Vendôme fut chargé de faire les premières sommations ; dès le 8 août, il était à Fruges ; Henri II vint l'y rejoindre. Le même jour, l'armée française se mit en marche et la cavalerie légère prit position à Fauquembergues (1).

Guise, en voulant reconnaître la place, eut son habit percé d'un coup de mousquet.

A la nouvelle de l'investissement de Renti, Charles-Quint avait quitté Arras, et le 9 août il campait à Merck-Saint-Liévin (2).

---

(1) FALCONBERGA. Petite ville sur l'Aa, patrie du compositeur Monsigny, membre de l'Institut, décédé le 14 janvier 1817.

(2) Village sur la rivière de l'Aa, près Fauquembergues, très-connu par les pélerins, à cause de la neuvaine qui s'y fait tous les ans, en l'honneur du saint dont ce village porte le nom.

Ainsi s'accomplissait le vœu du roi de France, ce qu'il cherchait depuis si lonstemps : Henri II et Charles-Quint allaient se trouver en présence. Charles, inquiet, miné par la souffrance ; Henri, jeune, plein d'énergie, certain d'un résultat avantageux.

III.

Depuis son arrivée, l'armée française canonnait le fort de Renti et les assiégés commandés par Denys de Brias résistaient avec un courage admirable.

Les deux armées n'étaient séparées que part la vallée de l'Aa qui en cet endroit forme une gorge étroite.

Le camp des Français était dominé en partie par le bois Guillaume ; Henri s'empara de suite de cette position.

Guise y fut envoyé avec un corps de troupes.

Le défenseur de Metz, le futur conquérant de Calais arriva à temps, car l'Empereur appréciant tous les avantages qu'il pouvait retirer de l'occupation du bois, désigna un détachement pour occuper ce poste.

Guise avait prévu le dessin de Charles, aussi avait-il placé des arquebusiers dans les ravins voisins, sur le passage de l'ennemi.

Les Impériaux s'avancèrent sans crainte et au moment où ils s'y attendaient le moins, ils se virent cernés de toutes parts ; ils ne voulurent pas se rendre, presque tous furent tués.

L'Empereur apprit la nouvelle de cet échec avec

calme, et dès ce moment il n'en montra que plus de persistance pour son projet d'occupation du bois.

Ferdinand de Gonzague et le duc de Savoie furent immédiatement désignés comme chefs d'un nouveau détachement.

Trois mille espagnols, deux mille chevaux légers et quatre pièces de campagne furent mis à la disposition de Ferdinand et d'Emmanuel. Deux mille reïtres et un régiment de lansquenets dont le commandement fut donné au comte de Vulanfurt (1), devaient cotoyer le bois et approcher le camp des Français, afin de soutenir en cas d'attaque, le premier corps de troupes dont la tâche était de s'emparer de la position occupée par Guise.

Les Impériaux se mirent en marche après avoir juré à l'Empereur de passer *sur le ventre* de la gendarmerie française.

Peu après, une escarmouche très-vive s'engagea entre les arquebusiers français et les troupes impériales.

Guise se voyant assailli par des forces bien supérieures en nombre à celles dont il pouvait disposer; pensa que ce qu'il pouvait faire de mieux, c'était de retarder la marche de l'ennemi tout en l'attirant dans un piège. A cet effet il fit demander du renfort au roi de France, en l'engageant à ranger, le plus tôt possible, son armée en bataille.

Le roi divisa son infanterie en trois corps :

---

(1) Ce général s'était vanté que les cavaliers français ne tiendraient pas devant ses reïtres qui à la vérité étaient la meilleure cavalerie de l'Empereur.

Français, Allemands et Suisses; mit les gendarmes sur le flanc, et, en avant, avec ordre d'avertir de l'arrivée de l'ennemi, fut placée la cavalerie légère.

Pendant ce temps, le duc de Guise ne voyant pas arriver le renfort qu'il avait demandé, fit donner le signal de la retraite; ses arquebusiers, soutenus par quelques compagnies, se retirèrent par des chemins détournés.

Ce mouvement des Français ranima le courage des Impériaux, qui continuèrent leur marche en avant. Bientôt les deux armées se trouvèrent en présence; le combat devint inévitable.

L'Empereur averti de ce qui se passait traversa le vallon avec le reste de ses troupes.

Henri, au comble de la joie harangua son armée :

« Soldats, la fortune nous offre enfin ce que nous cherchons depuis longtemps.

» L'Empereur est forcé d'en venir à un combat.

» Rappelez-vous les avantages remportés sur lui dans l'empire, à Metz, jusque dans le centre de ses Etats.

» Depuis trois ans il nous échappe; il fuit.

» Ne croyez pas qu'il ait plus l'envie de se battre aujourd'hui que lorsqu'il était à l'apogée de sa gloire. Il sent seulement la nécessité de relever sa réputation chancelante.

» Soldats ! Mettons sa témérité à profit, le joindre, c'est le vaincre. »

Charles, ne voulait « *point se mettre au hazard*

» *de perdre en un coup de dé* » ce qu'il n'avait
« gaigné qu'en beaucoup de temps. (2) » au lieu
de se joindre au reste de son armée, il se retira
sur les hauteurs; « comme il craignoit l'issue du
» combat, dit dom Devienne, il ordonna qu'on fit,
» pendant la mêlée, de nouvelles fortifications à
» son camp. »

Les Impériaux s'étaient à peine rangés en bataille devant le premier corps et les reîtres à cent pas de la cavalerie, que Guise donnait le signal de la charge.

Au même instant, une partie de la cavalerie commandée par Némours et Tavannes fondit sur l'armée impériale. Le premier choc fut terrible des deux côtés, mais les Impériaux prirent le dessus, tuèrent un grand nombre d'officiers français et firent beaucoup de prisonniers.

IV.

Vulanfurt criait déjà victoire, lorsque Guise et Tavannes à la tête de quelques fuyards qu'ils avaient ralliés se joignirent à la cavalerie légère commandée par d'Aumale et chargèrent l'ennemi avec une telle impétuosité que les impériaux ne virent d'autre branche de salut que la fuite. Les uns se sauvèrent dans le bois Guillaume, d'autres dans le fort; le duc de Savoie fut du nombre de ces derniers.

Pendant ce temps, Coligny qui commandait le

---

(2) Strada.

1ᵉʳ et le 3ᵉ corps, mettait en fuite les arquebusiers de Gonzague, leur enlevait plusieurs drapeaux et quatre pièces de campagne.

Environ 2,000 impériaux restèrent sur le champ de bataille. Les français perdirent 200 des leurs et prirent à l'ennemi dix-sept enseignes, cinq cornettes et sept pièces de canon.

Montmorency demeura spectateur du combat avec le reste de l'armée française, qu'on avait laissé de l'autre côté du vallon.

« Quelques-uns prétendent, dit dom Devienne, en parlant de cette partie de l'armée qu'on n'utilisa pas, que le connétable de *Montmorency* déjà jaloux de la gloire du duc de Guise s'étoit acquise au siège de Metz, ne voulut pas contribuer à lui assurer une victoire entière, dont il aurait encore eu tout l'honneur. » Nous préférons penser avec plusieurs historiens que l'heure avancée de la journée fut la seule cause de l'inaction dans laquelle on laissa les troupes en question. C'est au reste le sentiment de dom Devienne, dont le récit s'accorde assez avec tous les documents qui nous ont servi à écrire ces quelques lignes.

Après l'action, Tavannes étant entré dans la tente du roi, l'épée nue et ensanglantée, Henri vint à lui, « l'embrassa et ayant détaché le collier de l'ordre qu'il portoit, il l'en revêtit. »

L'armée française campa sur le champ de bataille et pendant la nuit, il y eut de part et d'autre plusieurs fausses alertes.

Cependant, malgré l'avantage remporté par les

français, Renti se défendait avec acharnement; de son côté, l'empereur s'était tellement bien fortifié dans son camp, qu'après une reconnaissance faite le lendemain du combat, par le connétable de Montmorency, on abandonna le projet d'attaquer Charles. On manquait de vivres et il fallut à regret songer au départ.

Cette résolution du roi de France, fut peut-être prise un peu vite, car Charles-Quint, ne se croyant pas en sûreté, voulut abandonner sa position; il fallut toutes les remontrances de Gonzague pour lui faire abandonner ce dessein.

Avant de quitter Renti, Henri envoya un héraut à l'empereur afin de le prévenir : Que si le roi de France abandonnait le champ de bataille, ce n'était pas parce qu'il craignait Charles-Quint; qu'il l'attendrait le lendemain pendant quatre heures avec son armée, à la place où il l'avait vaincu et qu'au premier endroit où il trouverait du fourrage, il l'attendrait encore pendant quatre jours. Charles répondit, qu'il verrait ce qu'il aurait à faire.

Henri tint parole; personne ne s'étant présenté, il partit après avoir fait brûler tous les villages des environs.

On avait quitté Renti dans la matinée du mercredi 15 août, on gagna Montreuil, lieu auquel Henri quitta son armée après en avoir donné le commandement à Montmorency.

A quelque temps de là, le manque de vivres fit congédier l'arrière-ban et les suisses; le connétable remit alors ses pouvoirs au duc de Vendôme.

Après le départ des français, Charles-Quint était

entré dans le fort de Renti (1) et avait décerné des récompenses aux braves qui avaient défendu la place (2).

L'Empereur quitta son armée et en donna le commandement au duc de Savoie, Philibert-Emmanuel.

Ainsi se termina cette affaire sur laquelle les récits ont tant varié et qui, dit-on, valut tant de suites funestes à la France.

Il n'y a rien qui obscurcisse plus l'histoire, a dit Strada, que la passion d'un historien.

Le succès de Guise lui firent probablement des jaloux, mais non des ennemis compromettant les intérêts de la France.

Nous n'irons pas, dans les fâcheux évènements qui suivirent, chercher un résultat du combat du bois Guillaume. Nous irons encore moins le chercher dans la lâcheté *du balafré*, à la Saint-Bartélémy.

La seule suite funeste pour la France, selon nous, ce fut l'abdication de Charles-Quint; le nouvel échec qu'il venait d'éprouver à Renti dut in-

---

(1) La possession de ce village fut assurée à la France par le traité de Nimègue (1678). On voit encore aujourd'hui, imparfaitement, l'emplacement du fort de Renti.

(2) Antoine Pérenotte, cardinal de Granvelle, qui voulut être témoin de l'action, se cacha dans le bois, au milieu des ronces; Charles-Quint ne put s'empêcher de rire, lorsqu'il le vit revenir la figure et les mains remplies d'égratignures et pleines de sang.

fluer sur la résolution prise par ce prince (1).

FIN.

Extrait du Journal l'Abeille de la Ternoise.

---

(1) On viendra en vain nous dire que Charles Quint prédit son abdication dix ans à l'avance, l'Empereur ne se défit de ses pouvoirs, que lorsqu'il y eut péril en la demeure pour sa gloire. L'Ambition fut encore le mobile de cette action.

Strada que nous avons souvent cité dans le cours de ce récit, écrivait en 1555 son ouvrage sur la guerre des Pays-Bas.

F. Becquart, Imprimeur-Libraire à Saint-Pol.

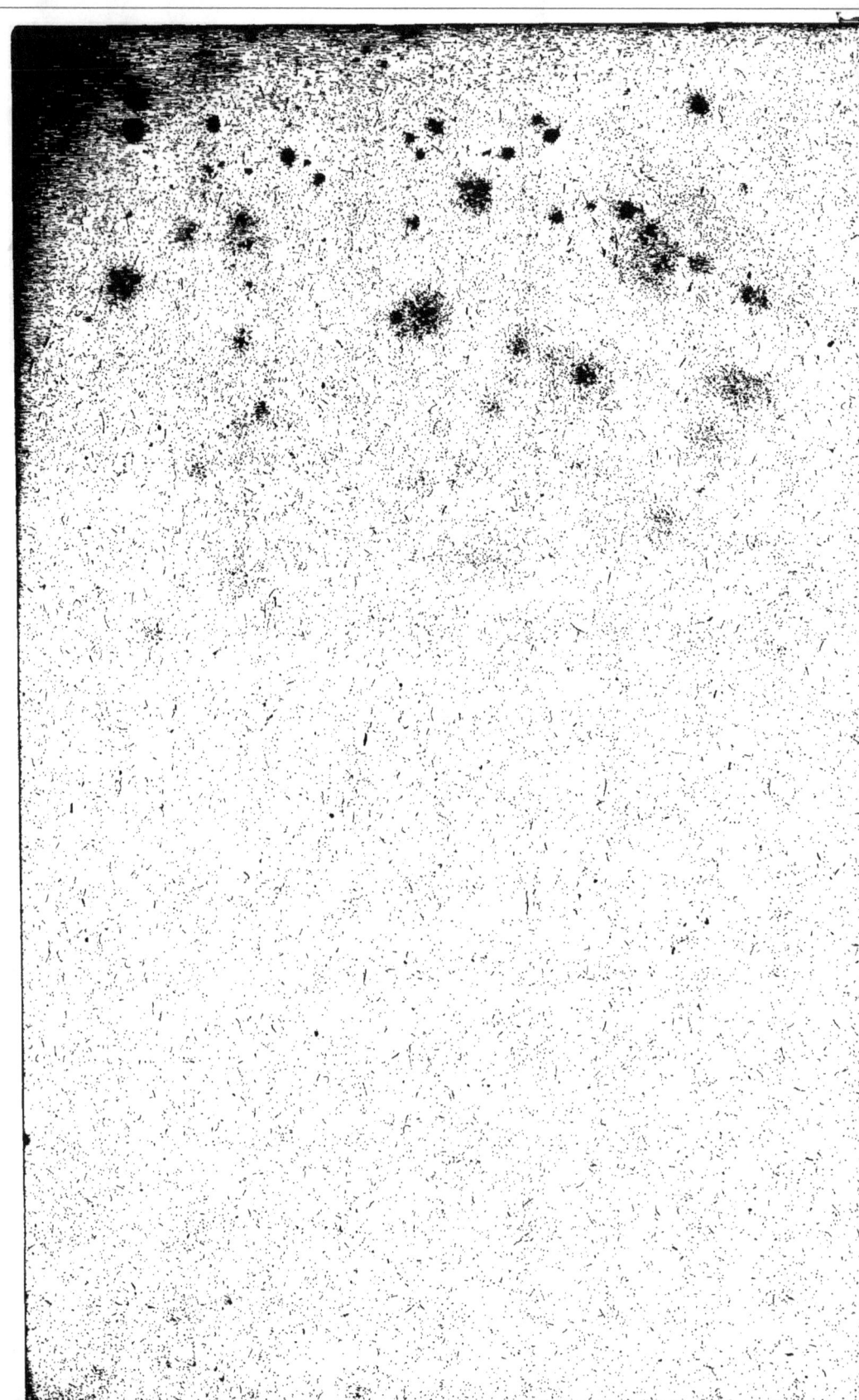

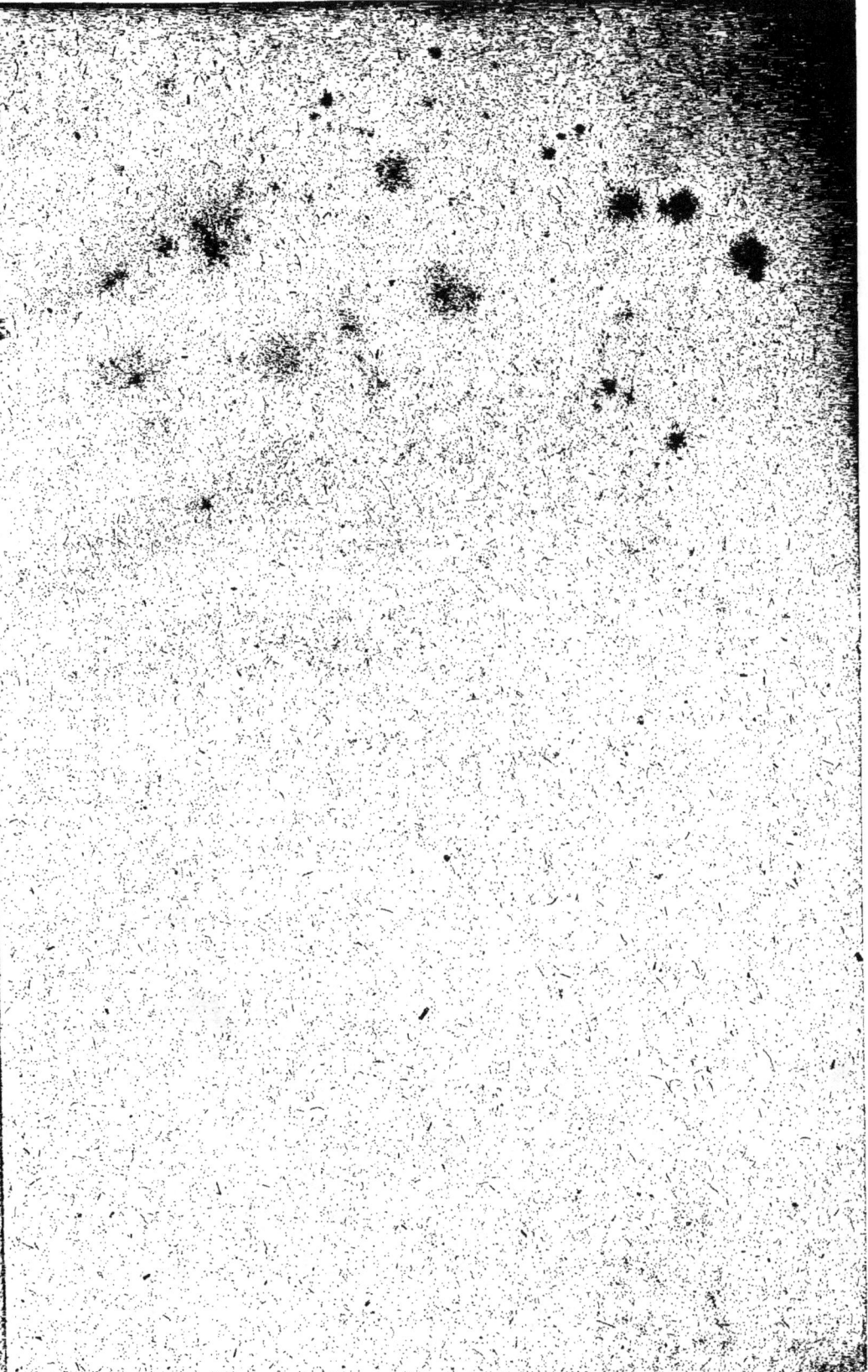

www.ingramcontent.com/pod-product-compliance
Lightning Source LLC
Chambersburg PA
CBHW070532050426
42451CB00013B/2980